Juguemos a leer

Juguemos a leer

Manual de ejercicios

Aplicación de las nuevas técnicas pedagógicas
para el aprendizaje

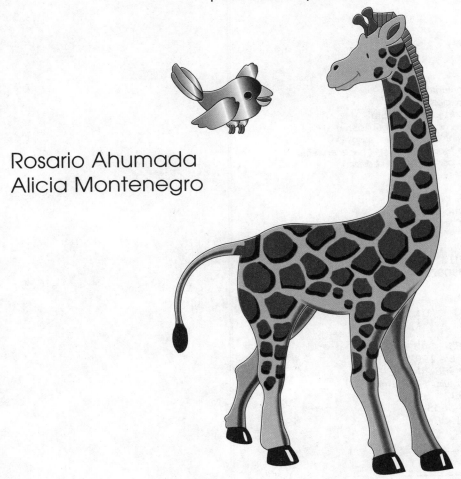

Rosario Ahumada
Alicia Montenegro

EDITORIAL
TRILLAS

México, Argentina, España
Colombia, Puerto Rico, Venezuela

Catalogación en la fuente

Ahumada, Rosario
 Juguemos a leer : manual de ejercicios. --
3a ed. -- México : Trillas, 1997 (reimp. 1999).
 166 p. : il. col. ; 27 cm.
 ISBN 968-24-5633-9

 1. Lectura (Elemental). I. Montenegro, Alicia.
II. t.

D- 372.41'A637j LC- LB1525.26'A4.41 531

Derechos reservados
© 1975, 1992, Editorial Trillas, S. A. de C. V.,
División Administrativa, Av. Río Churubusco 385,
Col. Pedro María Anaya, C. P. 03340, México, D. F.
Tel. 6884233, FAX 6041364

División Comercial, Calz. de la Viga 1132, C. P. 09439
México, D. F. Tel. 6330995, FAX 6330870

Miembro de la Cámara Nacional de la
Industria Editorial. Reg. núm. 158

Modernización educativa
Primera edición, julio1992 (ISBN 968-24-4570-1)
 Reimpresiones, agosto y septiembre 1992
Segunda edición, mayo 1993 (ISBN 968-24-4782-8)
 Reimpresiones, julio 1993, abril y julio 1994, mayo y
 agosto 1995, 1996 y febrero 1997
Tercera edición, 1997 (ISBN 968-24-5633-9)
 Reimpresiones, mayo y octubre 1998

Tercera reimpresión, mayo 1999

Impreso en México
Printed in Mexico

Introducción

El principal objetivo de los nuevos programas de Español es enseñar a manejar la lengua como un elemento esencial de comunicación, por medio de la práctica tanto del lenguaje oral como del lenguaje escrito.

En su nueva edición, *Juguemos a leer (libro de lectura y cuaderno de ejercicios)* promueve ambas habilidades al presentar un método ecléctico para la adquisición de la lectoescritura; este método es ecléctico porque reconocemos que los métodos para enseñar a leer y a escribir proponen muchas veces sugerencias valiosas que deben rescatarse, siempre que comprueben de manera reiterada su efectividad.

Aunque por tradición *Juguemos a leer* está considerado como un método fonético, no puede clasificarse dentro de un grupo especial, puesto que constantemente se enriquece con las aportaciones provenientes de investigaciones de vanguardia.

Así, esta propuesta está fundamentada principalmente en las teorías psicológicas de las leyes de psicología del aprendizaje basadas en la generalización y la diferenciación, las cuales motivan al niño para que éste discrimine y después asocie distintos estímulos visuales y auditivos. Además, contiene historias que pueden emplearse como la introducción a una serie de experiencias que inician a los niños a diferentes formas de expresión literaria, tales como los cuentos, las rimas, los cantos, las adivinanzas y diversos juegos que enriquecen su vocabulario y favorecen sus propias manifestaciones en el campo de la literatura.

¿CUÁLES SON LAS CARACTERÍSTICAS DE JUGUEMOS A LEER?

Juguemos a leer tiene ciertas características que contribuyen a que el pequeño "descubra" poco a poco las letras y las asocie tanto con su sonido como con la grafía convencional (en letra script y en letra cursiva), desde ese momento, el niño reconoce que las letras juntas significan algo más que un sonido: evocan una imagen, un concepto o una idea. De esta manera, la adquisición de la lectoescritura ocurre como un proceso integral y simultáneo. Después, en la sección dedicada a las lecturas dinámicas, vendrá la fluidez en la lectura una vez que se reconocen palabras aisladas que, juntas, representan mucho más: enunciados que comunican ideas completas, ideas que, por lo demás, se relacionan siempre con el mundo infantil que llama poderosamente la atención de los pequeños.

- En toda la obra se presentan palabras que constituyen un vocabulario significativo para los niños, pues evoca en ellos imágenes cotidianas y familiares; no obstante, también se introducen términos nuevos para que incrementen su manejo de la lengua. Estos vocablos nuevos pueden explicarse por medio de ilustraciones, recortes de fotografías o mímica, con lo cual se logrará también una vivencia emotiva difícil de olvidar y, gracias a ella, el significado quedará grabado de manera más permanente en la memoria de los niños. (Ver la Guía del maestro pág. 111 y 112.)
- En el libro de lectura se resalta con un color distinto la letra o la sílaba que se estudia, de tal manera que los niños pueden distinguirla con mayor facilidad, así como localizarla en el contexto de una palabra, escuchar su sonido y repetirlo en voz alta de manera recurrente hasta descubrir la correspondencia entre la grafía y el sonido que le es propio. Esto también les permite conocer y reconocer las características de su trazo.
- Las ilustraciones, presentan un contexto integral que evoca una historia, una experiencia o un concepto que desencadena una experiencia personal y familiar para el niño. Usted, maestro, puede aprovechar esta oportunidad para desarrollar la expresión oral de los niños al preguntarles qué están viendo y en qué les hace pensar.
- Sin embargo, sólo se muestra a todo color el dibujo que representa la palabra cuyo sonido se enseña en ese momento; esto constituye otra manera de facilitar la asociación entre el sonido incluido en la palabra y la imagen.
- La oración final escrita en letra siempre está relacionada con la ilustración de cada página, ya que deseamos que los niños encuentren sentido a los enunciados contemplando un estímulo visual. Además, ellos pueden leerla fácilmente, pues en su redacción sólo se emplean letras y sílabas que se han presentado con anterioridad.
- Al usar de manera simultánea el libro de lectura con el manual de ejercicios, el niño tendrá la oportunidad de practicar en forma amena y reiterada lo aprendido en ejercicios variados que involucran diferentes contextos (unir una ilustración con la palabra que le corresponde, elegir una palabra de acuerdo con la ilustración, relacionar oraciones con una ilustración, comparar palabras escritas en letra script y cursiva, interpretar imágenes y asignarles la grafía convencional, elegir las sílabas que forman la palabra que identifica a una imagen, etcétera). Consideramos que estos ejercicios son muy útiles pues la reiteración de la grafía es necesaria sobre todo al principio del proceso de adquisición de la lectoescritura.
- En las lecturas dinámicas se incluyen textos llenos de fantasía -parte importante e inherente a la niñez- que el niño puede leer en varias oportunidades. El maestro puede registrar el tiempo que el niño emplea en cada lectura sólo para tener un parámetro que le señale la evolución de su aprendizaje, pero debe hacer estos registros de manera discreta sin que el niño se sienta presionado o calificado, ya que no importa que el niño lea despacio si lo hace bien y comprende lo que lee, finalidad única de la lectura.
- Las lecturas dinámicas ofrecen al maestro la oportunidad de guiar al niño para que éste adquiera paulatinamente la capacidad de analizar y comprender aquello que lee. Así, podrá identificar personajes y entender las ideas principales de los textos, vivenciar los sentimientos y asociarlos con sus propias experiencias y emociones, con lo cual la lectura se convierte en un vehículo de expresión tanto en un nivel cognitivo como en una esfera emotiva.

Amigo maestro, deseamos que encuentres un valioso apoyo a tu labor en *Juguemos a leer (libro de lectura y cuaderno de ejercicios)* y que tus niños se conviertan en felices lectores, pequeños que encuentren en cada libro un acompañante secreto revelador de grandes misterios y conocimientos.

índice de contenido

Sección A

A	a	_a_	_a_
I	i	_i_	_i_
E	e	_E_	_e_
O	o	_O_	_o_
U	u	_U_	_u_

Véase **Guía de trabajo** (pág. 104 del libro de lectura).

Ejercicio 1. Encierra en un círculo los dibujos cuyos nombres empiezan con la letra a.

manzana, avión, abanico, sol, espejo, aretes, araña, ardilla

Ejercicio 2. Encierra en un círculo los dibujos cuyos nombres empiezan con la letra i.

indita, ardilla, árbol, azucarera, iglú, águila, anteojos, iglesia

Ejercicio 3. Encierra en un círculo la letra con que empieza el nombre de cada figura.

árbol, iglú, avestruz, iglesia, ala, ángel, indita, anillo, incendio

Ejercicio 4. Encierra en un círculo los dibujos cuyos nombres empiezan con la letra e.

dedo, elefante, estrella, mariposa, sombrero, almohada, escalera, escoba

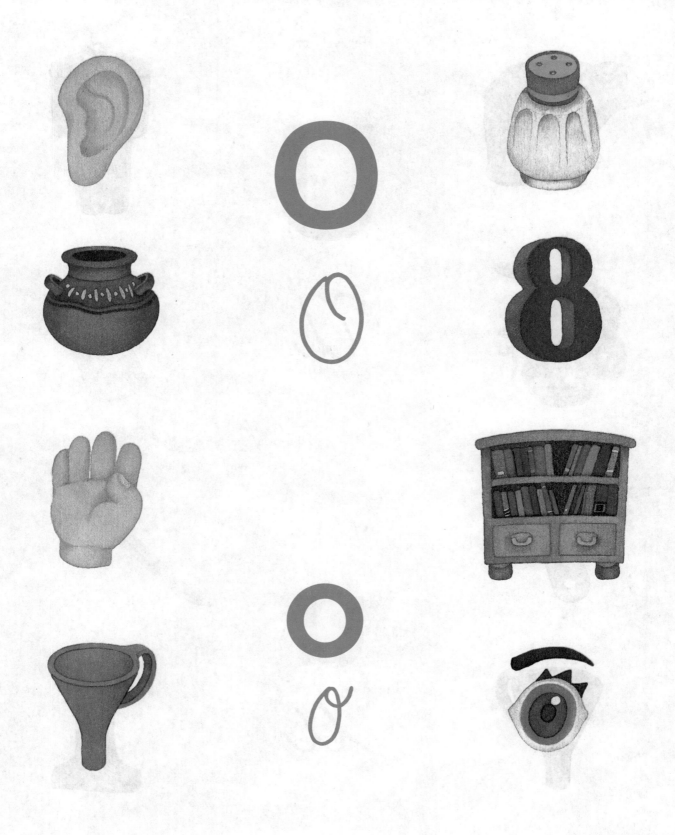

Ejercicio 5. Encierra en un círculo los dibujos cuyos nombres empiezan con la letra o.

oreja, salero, olla, ocho, mano, librero, embudo, ojo

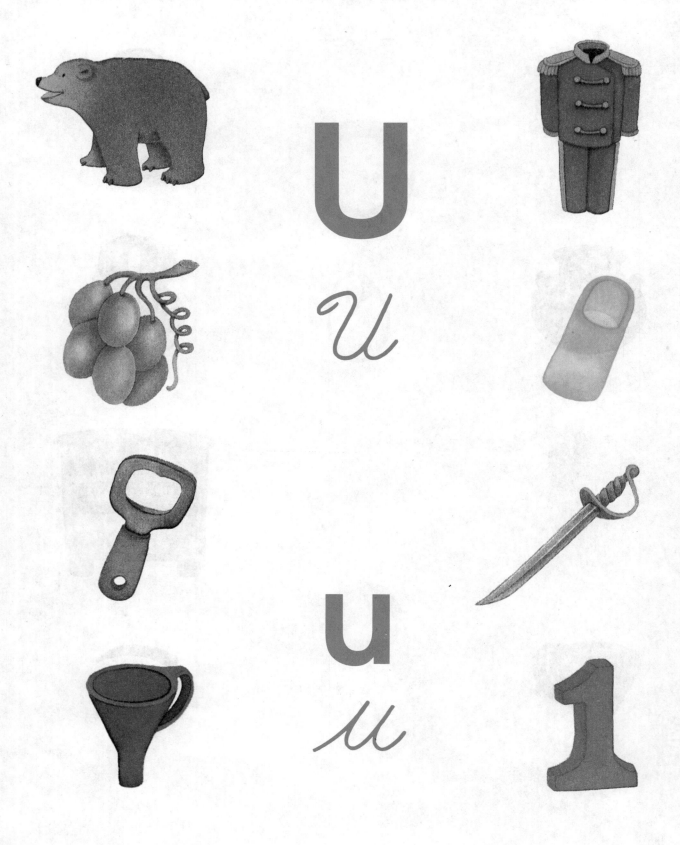

Ejercicio 6. Encierra en un círculo los dibujos cuyos nombres empiezan con la letra u.

oso, uniforme, uvas, uña, destapador, espada, embudo, uno

a i e   o u a   i o a

a u i   u a e   e i o

a u e   o u i   i a o

u a o   u i a   o e i

Ejercicio 7. Encierra en un círculo la letra con que empieza el nombre de cada figura.

escoba, abuelo, imán, uvas, astronauta, espejo, aguja, isla, oso, ojal, uno, escuela

15

o

e

u

i

a

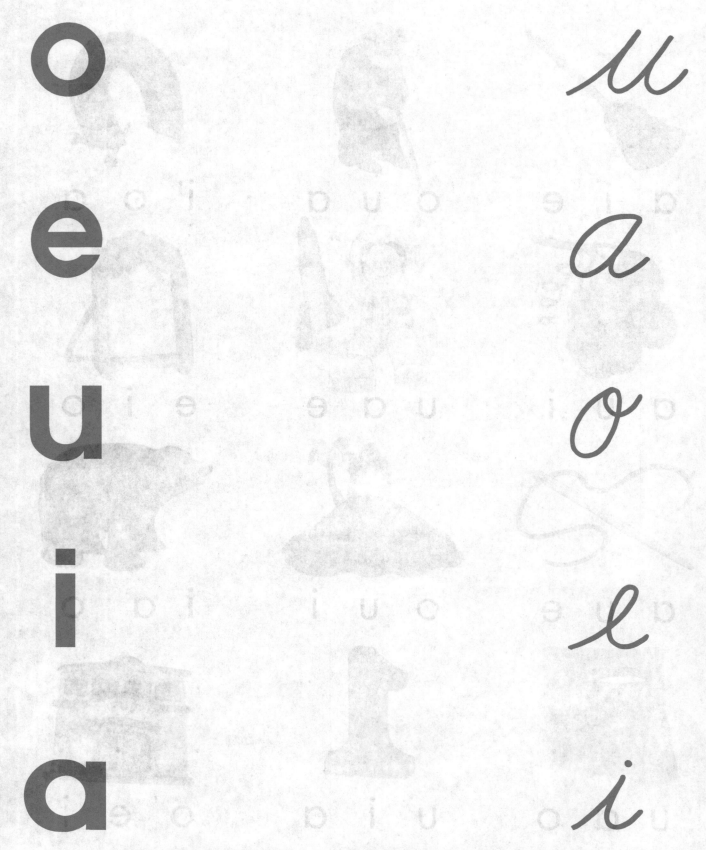

u

a

o

l

i

Ejercicio 8. Une con una línea las letras de la columna izquierda, con las que correspondan de la columna derecha.

16

a i e u o

o u i a e

i o e u a

e u i a o

u o e i a

Ejercicio 9. Encierra en un círculo rojo todas las letras **a**.
Encierra en un círculo azul todas las letras **i**.
Encierra en un círculo verde todas las letras **e**.
Encierra en un círculo anaranjado todas las letras **u**.
Encierra en un círculo amarillo todas las letras **o**.

U A E O I

E O U I A

A I E O U

O U A I E

I E O U A

Ejercicio 10. Encierra en un círculo rojo todas las letras **a**.
Encierra en un círculo azul todas las letras **i**.
Encierra en un círculo verde todas las letras **e**.
Encierra en un círculo anaranjado todas las letras **u**.
Encierra en un círculo amarillo todas las letras **o**.

18

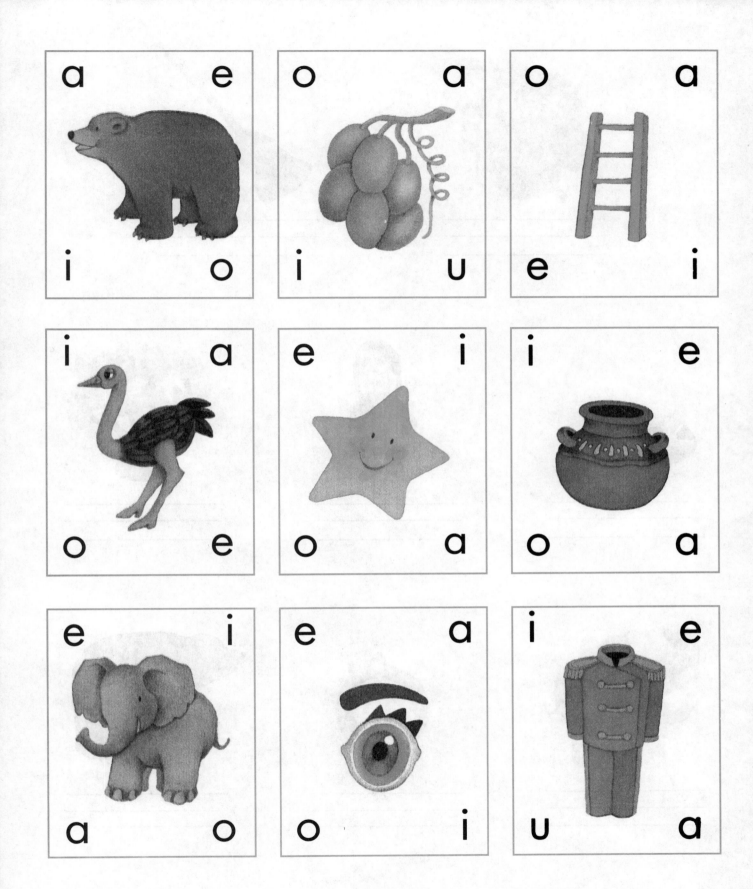

Ejercicio 11. Encierra en un círculo la letra con que empieza el nombre de cada figura.

oso, uvas, escalera, avestruz, estrella, olla, elefante, ojo, uniforme

Ejercicio 12. Escribe la letra con que empieza el nombre del dibujo.

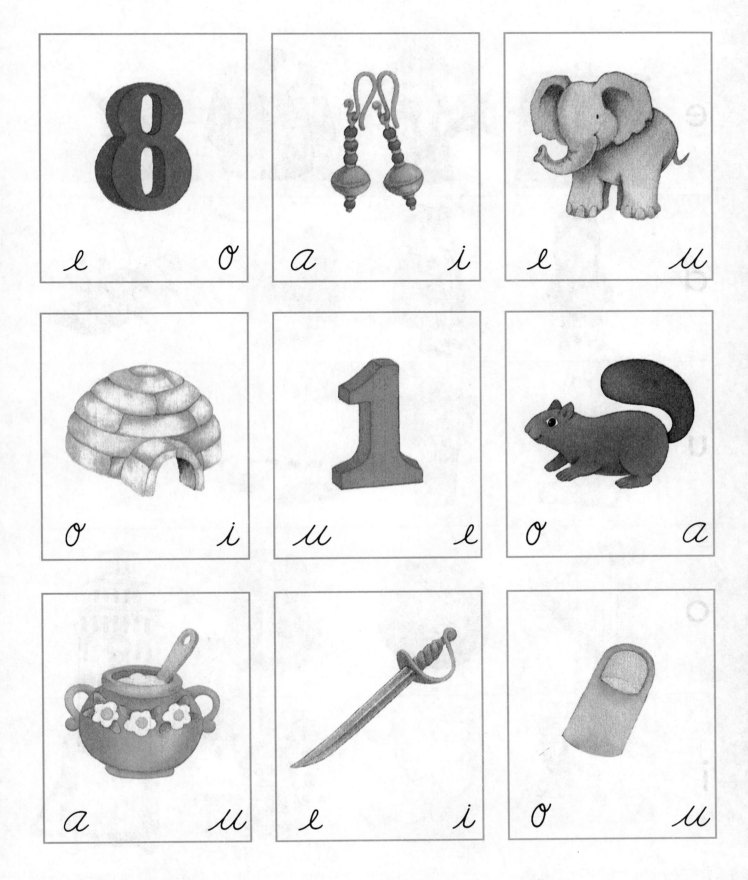

_e_ _o_	_a_ _i_	_e_ _u_
_o_ _i_	_u_ _e_	_o_ _a_
_a_ _u_	_e_ _i_	_o_ _u_

Ejercicio 13. Encierra en un círculo la letra con que empieza el nombre de cada figura.

ocho, aretes, elefante, iglú, uno, ardilla, azucarera, espada, uña

21

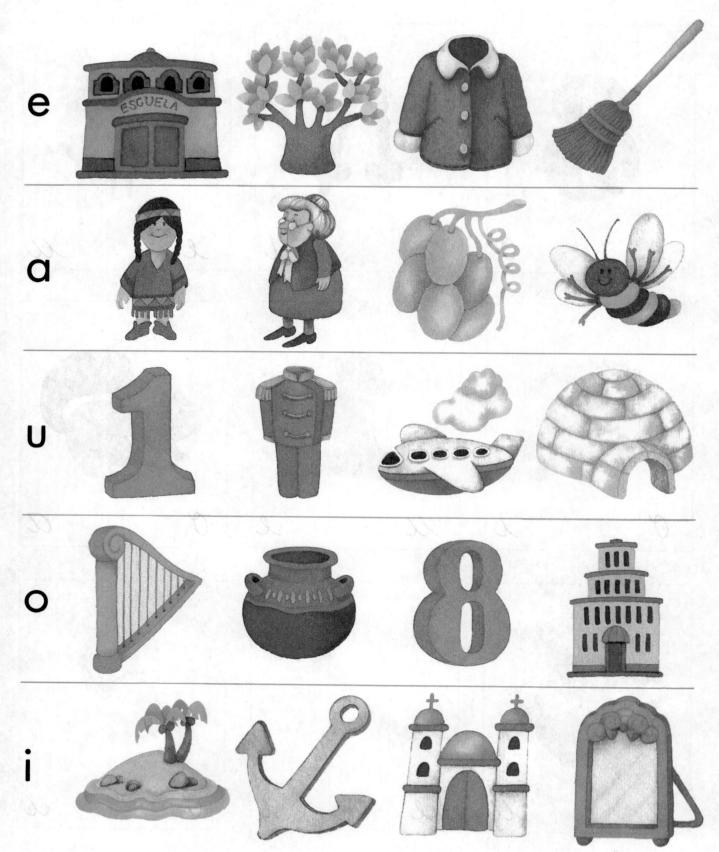

Ejercicio 14. Encierra en un círculo los dibujos cuyos nombres empiecen con la letra de la izquierda.

escuela, árbol, abrigo, escoba, indita, abuela, uvas, abeja, uno, uniforme, avión, iglú, arpa, olla, ocho, edificio, isla, ancla, iglesia, espejo

Sección B

M	m	$\mathcal{M}$	m
S	s	$\mathcal{S}$	s
T	t	$\mathcal{T}$	t
L	l	$\mathcal{L}$	l
R	r	$\mathcal{R}$	r

Véase **Guía de trabajo** (pág. 107 del libro de lectura).

mío	esa
esa	mima
mis	amo
mima	mío
misa	misa
amo	mis

mesa	masa
Susi	suma
mamá	Susi
suma	sumo
masa	mesa
sumo	mamá

Ejercicio 15. Une con una línea las palabras de la columna izquierda, con las que correspondan a las de la columna derecha.

mo

sa

me

si

su

Ejercicio 16. Marca con una cruz el dibujo cuyo nombre empiece con la sílaba de la izquierda.

manzana, muñeca, molino, saco, sonaja, silla, molino, mesa, mariposa, sol, sombrero, silla, soldado, salero, suma

1ª	2ª	3ª
mío	*misa*	sumo
toma	*tose*	mesa
suma	*tías*	mete
oso	*tío*	mamá
tos	*mate*	amo
susto	*esos*	mía
mota	*mis*	tíos
sus	*tomate*	mima
esa	*masa*	Susi

Ejercicio 17. Encierra en un círculo del color que se indica las siguientes palabras.

1a. columna	**2a. columna**	**3a. columna**
azul: **mío, oso, mota**	azul: **tías, mate, mis**	azul: **mesa, mía, mima**
rojo: **suma, susto, sus**	rojo: **misa, tío, masa**	rojo: **mete, amo, Susi**
verde: **toma, tos, esa**	verde: **tose, esos, tomate**	verde: **sumo, mamá, tíos**

alto	alma	alto	ala
seis	seis	seso	suma
liso	lista	lisa	liso
loma	lomo	loma	lima
suelo	suela	sumo	suelo
lote	lote	lame	loto
sala	solo	sale	sala
listo	lista	listo	liso
lomo	lomo	loma	lima
sal	sol	sal	solo

Ejercicio 18.   Encierra en un círculo las palabras que sean iguales a la de la izquierda.

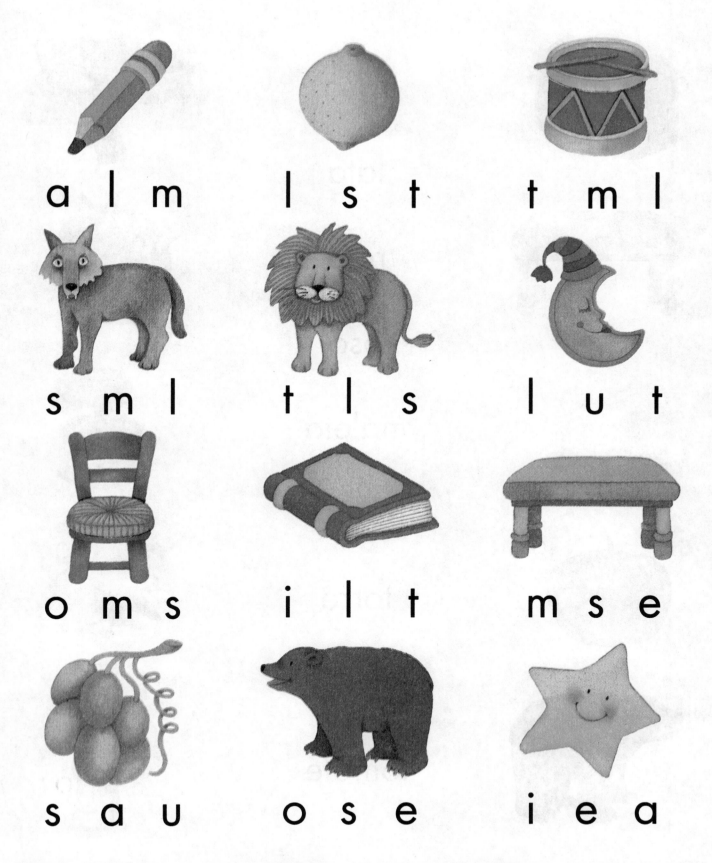

a l m	l s t	t m l
s m l	t l s	l u t
o m s	i l t	m s e
s a u	o s e	i e a

Ejercicio 19. Encierra en un círculo la letra con que empieza el nombre de cada figura.

lápiz, lima, tambor, lobo, león, luna, silla, libro, mesa, uvas, oso, estrella

rosa

lata

rata

oso

maleta

remo

torre

sol

tomate

Ejercicio 20. Une con una línea los dibujos con sus nombres.

30

ma   mi   lo   le

mo   me   li   la

mu   lu

ta   te

ti   tu

to

ra   ri   su   si

re   ru   so   sa

ro   se

ma   mu

mi   mo

me

ta   te   la   lu

ti   tu   li   lo

to   le

Ejercicio 21. Encierra en un círculo la sílaba con que empieza el nombre de cada dibujo.

muñeca, lata, tijeras, rosa, silla, mano, tomate, lima

mi	ma	mo
me	mu	
so	se	si
su	sa	
te	ti	tu
ta	to	
li	lu	le
la	lo	
ro	ri	re
ru	ra	

Ejercicio 22. Pon una cruz a la sílaba con la que empieza el nombre de cada dibujo.

32 *mamá, silla, taza, luna, rosa*

tierra	*mota*
rata	*mamá*
mamá	*lima*
Susi	*tierra*
mota	*rata*
lima	*Susi*

sala	*tose*
lata	*risa*
tose	*sala*
remo	*mesa*
risa	*lata*
mesa	*remo*

Ejercicio 23. Con una línea une las palabras de la columna izquierda, con las que correspondan a las de la columna derecha.

33

Ejercicio 24. Escribe la letra con que empieza el nombre del dibujo.

tomate

ala

rata

mesa

maleta

rosa

remo

lima

lata

Ejercicio 25. Con una línea une los dibujos con sus nombres.

maleta		melosa
remo		ramo
tarro		torre
risa		rosa
lista		isla
siete		susto

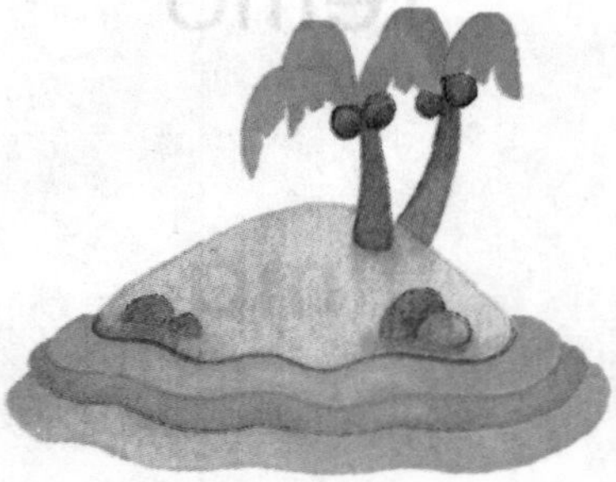

Ejercicio 26. Subraya el nombre de cada uno de los dibujos.

Ejercicio 27.   Escribe la letra con que empieza el nombre del dibujo.

37

lima

ramo

oso

torre

rata

mamá

mesa

lata

maleta

Ejercicio 28. Con una línea une los dibujos con su nombre.

t u l s o  o e l m s	i s u t l  e s m l a	m s t a r  e a o m l
l u t m s  o e r m s	t m r s a  l o m e a	t u s m m  m a l o u
t i a s m 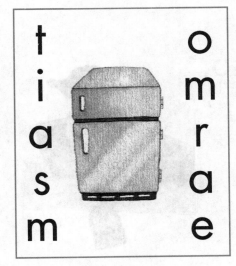 o m r a e	o e s u a  m l e o r	l a s e o  m i l e u

Ejercicio 29. Encierra en un círculo la letra con que empieza el nombre de cada figura.

muñeca, tijeras, taza, lima, regla, sartén, refrigerador, mariposa, sol

El oso se asustó.

Toma seis limas.

La mesa está rota.

La isla está sola.

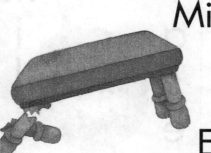

Mi remo está liso.

El sol se mete.

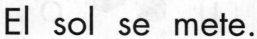

Ejercicio 30. Une con una línea la oración con el dibujo que le corresponde.

40

Sección C

P	p	$\mathcal{P}$	p
N	n	n	n
C	c	$\mathcal{C}$	c
D	d	$\mathcal{D}$	d
V	v	$\mathcal{V}$	v

Véase **Guía de trabajo** (pág. 107 del libro de lectura).

palo	*mapa*
mapa	*tapa*
pasa	*perro*
tapa	*palo*
perro	*pasa*

sapo	*pato*
ropa	*pelota*
pato	*sapo*
lupa	*ropa*
pelota	*lupa*

Ejercicio 31. Con una línea une las palabras de la columna izquierda, con las que correspondan a las de la columna derecha.

Ejercicio 32. Escribe la letra con que empieza el nombre del dibujo.

1ª	2ª	3ª
pomo	*lona*	coco
toco	*pelo*	nata
sano	*cosa*	lupa
mapa	*tina*	pone
mica	*loco*	pasa
nene	*sopa*	saco
corre	*mono*	lana
ropa	*roca*	tapa
nota	*pala*	poco

Ejercicio 33. Encierra en un círculo del color que se indica las siguientes palabras.

1a. columna	2a. columna	3a. columna
azul: **pomo, mapa, ropa**	azul: **pelo, sopa, pala**	azul: **lupa, pasa, tapa**
verde: **sano, nene, nota**	verde: **lona, tina, mono**	verde: **nata, pone, lana**
anaranjado: **toco, mica, corre**	anaranjado: **cosa, loco, roca**	anaranjado: **coco, saco, poco**

pa   no   ar   co   ma   pi

pi   na   er   cu   mo   pa

pe   lo   co   cu   lu   pa

pa   la   ca   co   le   pi

pa   rro   lu   na   co   so

pe   rri   le   no   ca   sa

Ejercicio 34.   Une con una línea las sílabas que forman la palabra que representa cada dibujo.

seco   saco

melena   molino

dado   dedo

tino   tina

copo   copa

rueda   ruido

Ejercicio 35. Subraya el nombre de cada uno de los dibujos.

cosa casa caso	capa copo copa
ruido rueda radio	pica pico peca
carta corte corta	nudo nido nada
lana lino león	pisos pesas peso

Ejercicio 36. Subraya el nombre de cada uno de los dibujos.

perro

cuna

rana

pala

dado

casa

carro

nido

pino

Ejercicio 37. Con una línea une los dibujos con su nombre.

r t p   s n l   c p v

c d t   v p s   l m p

n u c   t c s   m l d

r l u   p l c   d l t

Ejercicio 38. Encierra en un círculo la letra con que empieza el nombre de cada figura.

pájaro, nube, cuna, dinosaurio, vela, pantalones, nido, campana, dado, reloj, lata, tambor

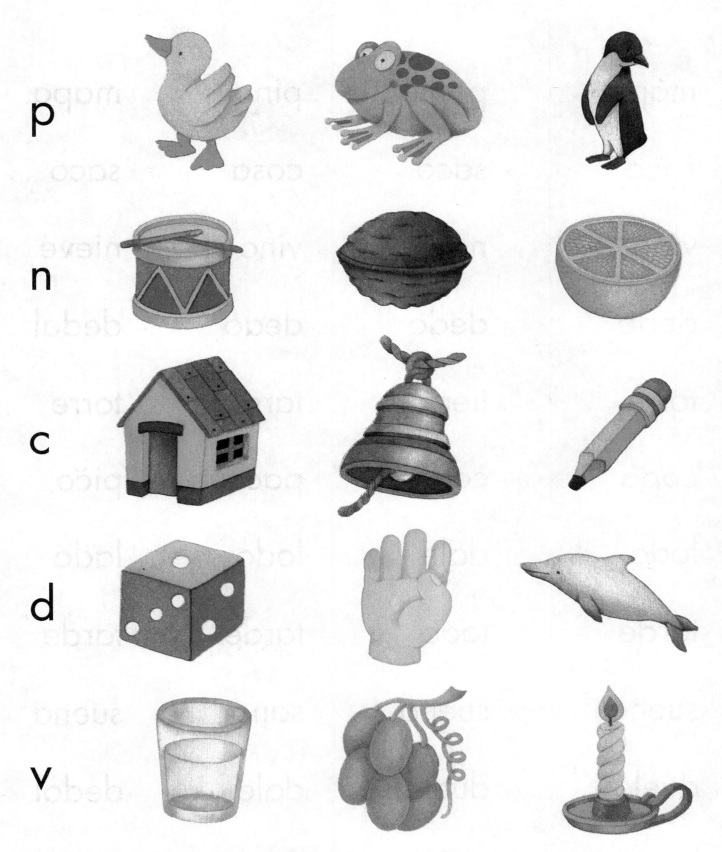

Ejercicio 39. Marca con una cruz los dibujos cuyos nombres empiecen con la letra de la izquierda.

pato, rana, pingüino, tambor, nuez, naranja, casa, campana, lápiz, dado, mano, delfín, vaso, uvas, vela

51

mapa	pomo	pino	mapa
saco	saco	cosa	saco
vino	nave	vino	nieve
dedo	dedo	dedo	dedal
torre	tierra	tarro	torre
copa	copa	paco	pico
lodo	dale	lodo	lado
tarde	todo	tarde	tarde
suena	suena	sano	suena
duele	duele	dale	dedal

Ejercicio 40.   Marca con una cruz las palabras que sean iguales a las de la columna de la izquierda.

pato

vaso

cuna

pelota

vaca

mano

avión

uvas

campana

Ejercicio 41. Une con una línea los dibujos con su nombre.

po   pa

pi   pu

pe

do   de

di   da

du

ca   cu

co   co

cu

do   du

de   da

di

vu   ve

va   vi

vo

ni   ne

na   nu

no

di   du

de   do

da

na   ni

ne   no

nu

Ejercicio 42. Encierra en un círculo la sílaba con que empieza cada dibujo.

pelota, dominó, canasta, dedo, vaca, nube, dado, niño.

cono
cuna

rana
reno

vaca
vaso

cosa
casa

puerta
puesto

paleta
pelota

dedo
dado

canoa
cana

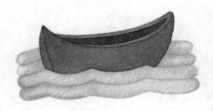

Ejercicio 43. Subraya el nombre de cada uno de los dibujos.

ca   se   pi   to   va   li

co   sa   pa   tu   ve   la

me   sa   ca   na   da   do

mo   se   cu   ne   du   de

va   su   na   do   de   di

vi   so   ni   de   da   do

Ejercicio 44. Une con una línea las sílabas que forman la palabra que representa cada dibujo.

56

_____

_____

_____

_____

_____

_____

_____

_____

_____

_____

_____

_____

Ejercicio 45. Escribe el nombre de cada dibujo.

Esa rana salta.

El pino es alto.

Dame esos dados.

La vaca come pasto.

Mi casa es alta

El pato nada.

Ejercicio 46. Une con una línea la oración con el dibujo que le corresponde.

Sección D

F   f

B   b

J   j

ñ

r

Véase **Guía de trabajo** (pág. 108 del libro de lectura).

sofá

mano

fusil

delfín

fuente

perro

falda

vaca

foca

Ejercicio 47. Une con una línea los dibujos con su nombre.

61

| fo | cu | bor | ca | ba | ta |
| fu | ca | bar | co | bo | ti |

| ba | lón | fel | da | so | fó |
| be | lén | fal | di | se | fá |

| or | bol | co | fé | le | bi |
| ár | bel | ca | fá | lo | bo |

Ejercicio 48. Une con una línea las sílabas que forman la palabra que representa cada dibujo.

El conejo ve el reloj.

Dibuja unas nubes.

El abuelo usa bastón.

La fuente está lejos.

El rábano es rojo.

El burro saltó la reja.

El barril es de Felipe.

El joven toca el tambor.

Ejercicio 49.   Une con una línea la oración con el dibujo que le corresponde.

1ª	2ª	3ª
jabón	mojo	jarra
reja	junio	jamón
paja	raja	conejo
jefe	tejer	viejo
caja	joven	jabalí
ojos	jardín	cojín
jaula	abeja	cajita
deja	cajón	rojo
jala	bajar	julio

Ejercicio 50. Encierra en un círculo del color que se indica las siguientes palabras.

1a. columna
rojo: **reja, ojos, jala**
azul: **jabón, jefe, deja**
verde: **paja, caja, jaula**

2a. columna
rojo: **raja, joven, cajón**
azul: **mojo, tejer, abeja**
verde: **junio, jardín, bajar**

3a. columna
rojo: **jarra, conejo, julio**
azul: **viejo, cajita, jabalí**
verde: **jamón, cojín, rojo**

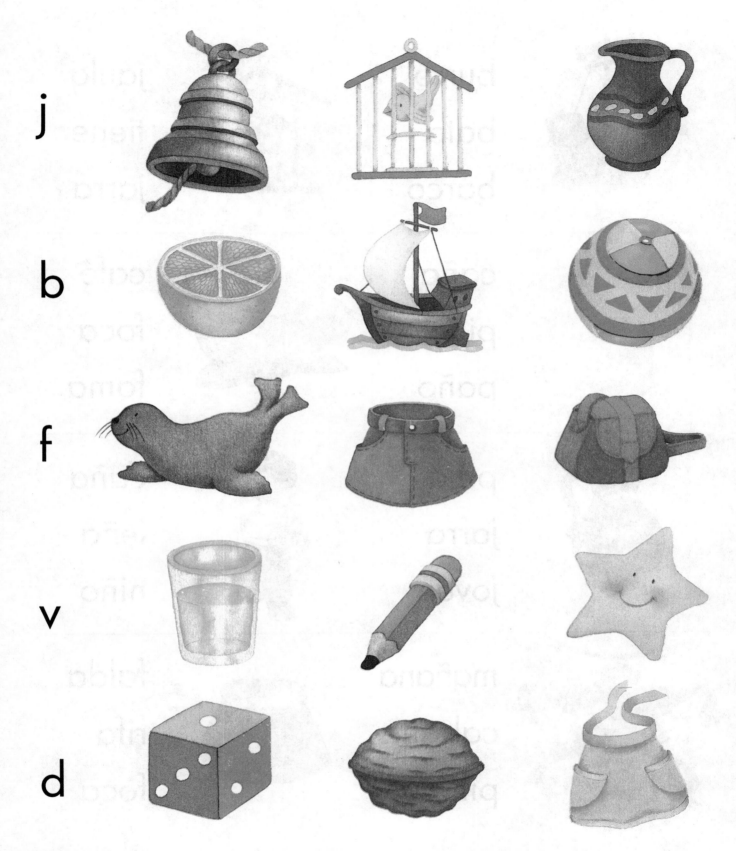

Ejercicio 51. Marca con una cruz el dibujo cuyo nombre empiece con la letra de la izquierda.

campana, jaula, jarra, naranja, barco, pelota, foca, falda, bolsa, vaso, lápiz, estrella, dado, nuez, delantal

burro

bata

barco

jaula

tiene

jarra

caña

piña

paño

café

foca

fama

paja

jarra

joven

caña

leña

niño

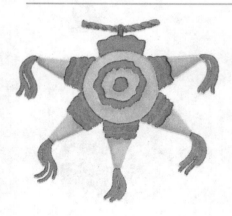

mañana

cabaña

piñata

falda

rifa

foca

Ejercicio 52. Subraya el nombre de cada uno de los dibujos.

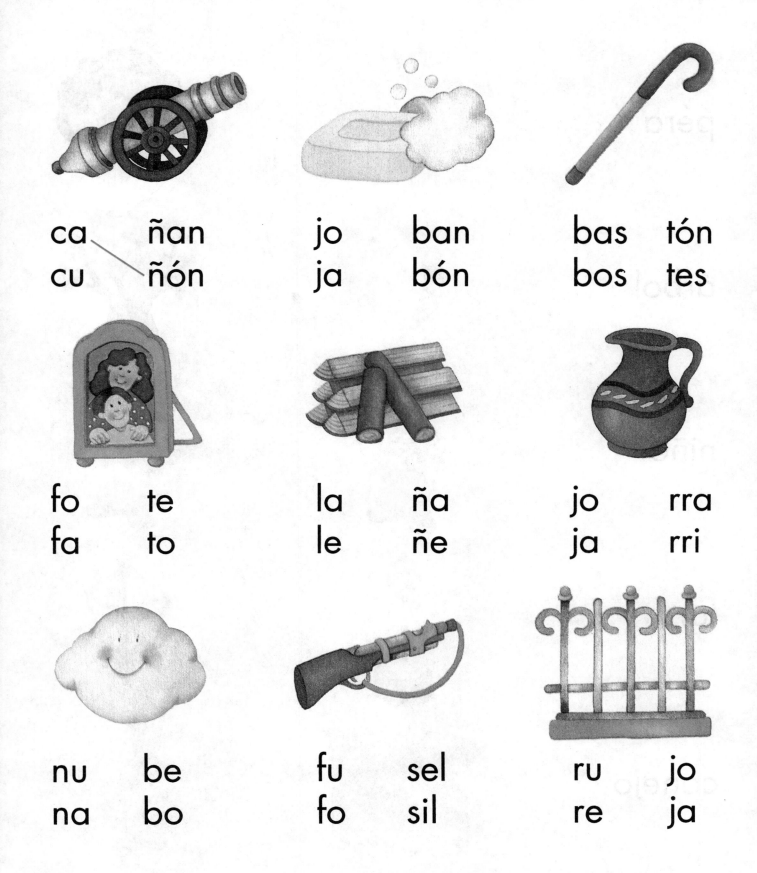

ca   ñan   jo   ban   bas   tón
cu   ñón   ja   bón   bos   tes

fo   te   la   ña   jo   rra
fa   to   le   ñe   ja   rri

nu   be   fu   sel   ru   jo
na   bo   fo   sil   re   ja

Ejercicio 53. Une con una línea las sílabas que forman la palabra que representa cada dibujo.

pera

árbol

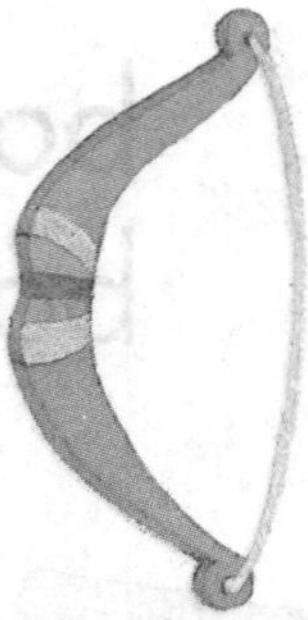

niño

faro

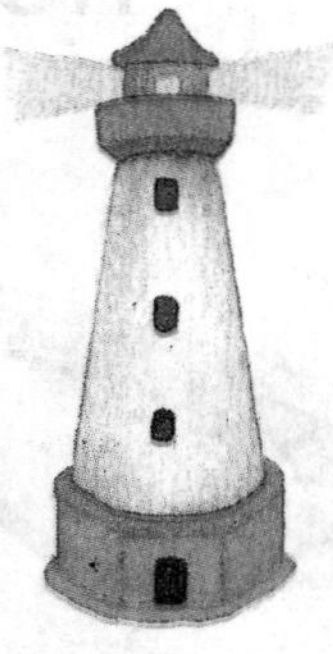

conejo

Ejercicio 54. Marca con una cruz el dibujo que te indique la palabra de la izquierda.

68

fusil	foca	fusil	falda
tambor	bueno	nabo	tambor
jardín	jardín	jarra	jardín
sueño	niño	sueño	caña
pájaro	pájaro	pájaro	jarabe
fuente	fiesta	falda	fuente
abeja	abeja	oreja	abeja
muñeca	araña	muñeca	cabaña
loro	toro	duro	loro
farol	farol	farol	faro

Ejercicio 55. Encierra en un círculo las palabras que sean iguales a las de la columna de la izquierda.

pájaro

pareja

tumba

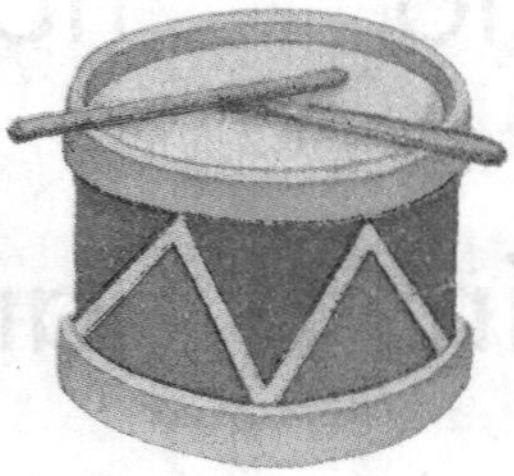

tambor

jabón

jaula

araña

cabaña

falda

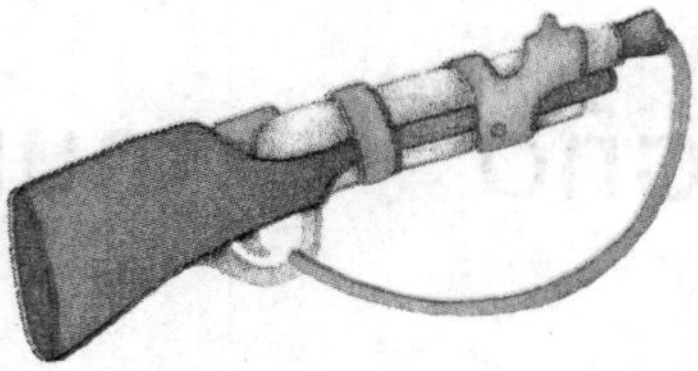

fusil

conejo

coraje

Ejercicio 56. Subraya el nombre de cada uno de los dibujos.

naranja

tambor

jirafa

foca

piñata

Ejercicio 57. Marca con una cruz el dibujo que corresponde a la palabra de la columna izquierda.

pera

farol

araña

jirafa

naranja

perico

oreja

cara

toro

Ejercicio 58. Une con una línea los dibujos con su nombre.

72

Ese señor vende leña.

Ese loro come pera.

Ese árbol tiene
naranjas.

La araña teje su
tela.

La locomotora tiene
un faro.

Ejercicio 59. Encierra en un círculo el dibujo que indica la oración.

( )(ro)

(a)( )(ja)

(co)(ne)( )

(ni)( )

(pá)( )(ro)

(bu)( )

(ca)( )

(pi)( )

(pe)( )(co)

Ejercicio 60. Escribe la sílaba que falta para completar la palabra.

74

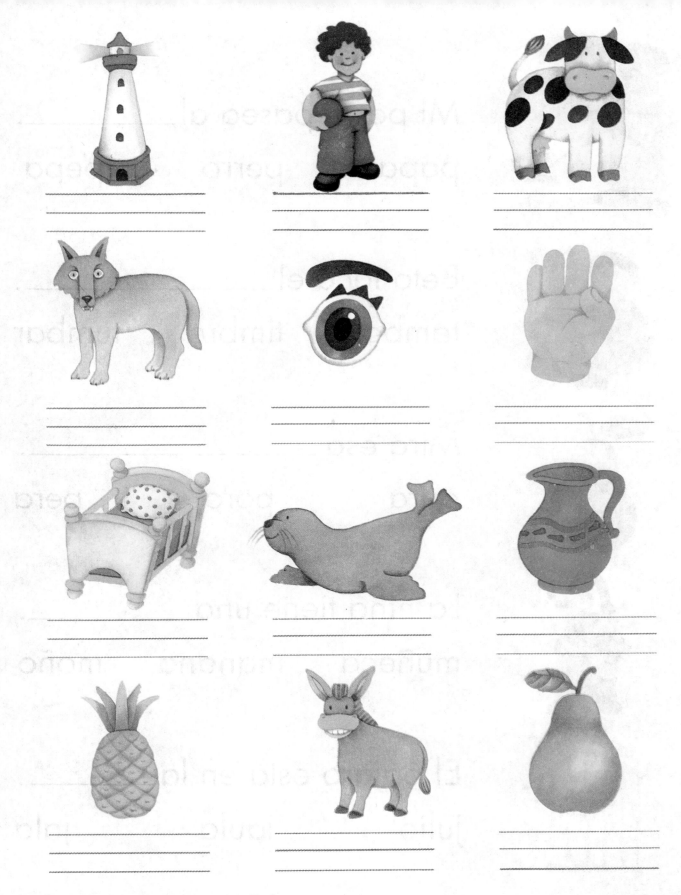

Ejercicio 61. Escribe el nombre del dibujo.

Mi papá pasea al _____.

papa   perro   pepa

Beto toca el _____.

tambor   timbre   tumbar

Mira esa _____.

para   poro   pera

La niña tiene una _____.

muñeca   mañana   moño

El pájaro está en la _____.

julio   jaula   jala

Ejercicio 62. Escribe sobre la línea la palabra correcta para completar la oración.

Sección E

G	g	*G*	*g*
H	h	*H*	*h*
CH	ch	*Ch*	*ch*
LI	ll	*Ll*	*ll*
Q	q	*Q*	*q*

Véase **Guía de trabajo** (pág. 108 del libro de lectura).

gato	gata	gota	gato
goma	goma	gama	mago
gajo	gajo	gajo	juego
garra	gorra	garra	garra
vago	vago	vago	viga
digo	doga	daga	digo
lago	lago	lego	lago
pago	pego	paga	pago
gano	gano	gano	gana
fuego	fiera	fuego	fuga

Ejercicio 63.   Encierra en un círculo las palabras que sean iguales a las de la columna de la izquierda.

79

1ª	2ª	3ª
humo	*hilo*	goma
hoja	*gorra*	higo
lago	*hada*	gano
huevo	*gota*	hijo
guante	*huele*	juego
hermano	*ganado*	hormiga
gusano	*harina*	hierba
horno	*huerta*	hielo
hospital	*humano*	hermana

Ejercicio 64. Encierra en un círculo del color que se indica las siguientes palabras.

1a. columna	2a. columna	3a. columna
azul: **lago, guante, horno**	azul: **hilo, huele, humano**	azul: **higo, hijo, hierba**
rojo: **hoja, gusano, hospital**	rojo: **hada, ganado, huerta**	rojo: **goma, hormiga, hermana**
verde: **humo, huevo, hermano**	verde: **gorra, gota, harina**	verde: **gano, juego, hielo**

chica	hoja
chocho	hijo
ocho	higo
coche	hija
ganso	hecho
gotas	hacha
gusto	hada
guante	hechos
chalupa	gato
chueco	gotas
chaleco	gota
chal	gatos
pareja	cachete
pájaro	cochino
paraje	cuchara
parejo	cochero

Ejercicio 65. Subraya el nombre de cada uno de los dibujos.

llave

pollo

gallo

caballo

camello

cuchillo

olla

collar

gallina

Ejercicio 66. Une con una línea los dibujos con sus nombres.

quiso
queso

roquita
raqueta

cheque
choque

maqueta
máquina

mosquito
marquito

banqueta
barquito

Ejercicio 67. Subraya el nombre de cada uno de los dibujos.

83

ganado	ganado	hierbas	hierba
	ganados		hierbas
	ganados		hierba
	ganado		hierbas

chivo	chivos	pollo	pollo
	chivos		pollos
	chivo		pollos
	chivo		pollo

tanques	tanques	mosquito	mosquito
	tanque		mosquitos
	tanques		mosquitos
	tanque		mosquito

llave	llave	cuchillos	cuchillos
	llaves		cuchillo
	llaves		cuchillos
	llave		cuchillo

hormigas	hormiga	cocheros	cochero
	hormigas		cocheros
	hormiga		cochero
	hormigas		cocheros

Ejercicio 68. Subraya las palabras de la columna derecha que sean iguales a las de la columna izquierda.

ganso

hoja

gancho

caballo

buque

Ejercicio 69. Encierra en un círculo el dibujo que te indica la palabra de la columna izquierda.

mago  goma

hoja  higo

leche  lecho

llueve  llave

mosquito  saquito

Ejercicio 70.   Subraya el nombre de cada uno de los dibujos.

(ga)	te	tu	her	mo	go	ro	qui	ta
go	(ti)	te	hor	mi	ga	re	que	to
gu	tu	(to)	har	me	gu	ra	qui	tu

ca	cho	ri	ga	lle	nu	her	ma	no
cu	cha	ru	go	lli	no	hor	mi	nu
co	che	ra	gu	lla	na	hir	mu	ne

mas	que	to	cha	la	ca	co	be	llu
mis	qui	tu	chi	le	cu	ca	ba	llo
mos	que	ta	cho	lu	co	cu	bi	lli

Ejercicio 71.   Encierra en un círculo las sílabas que forman la palabra que representa cada dibujo.

Ejercicio 72. Escribe el nombre de cada dibujo.

88

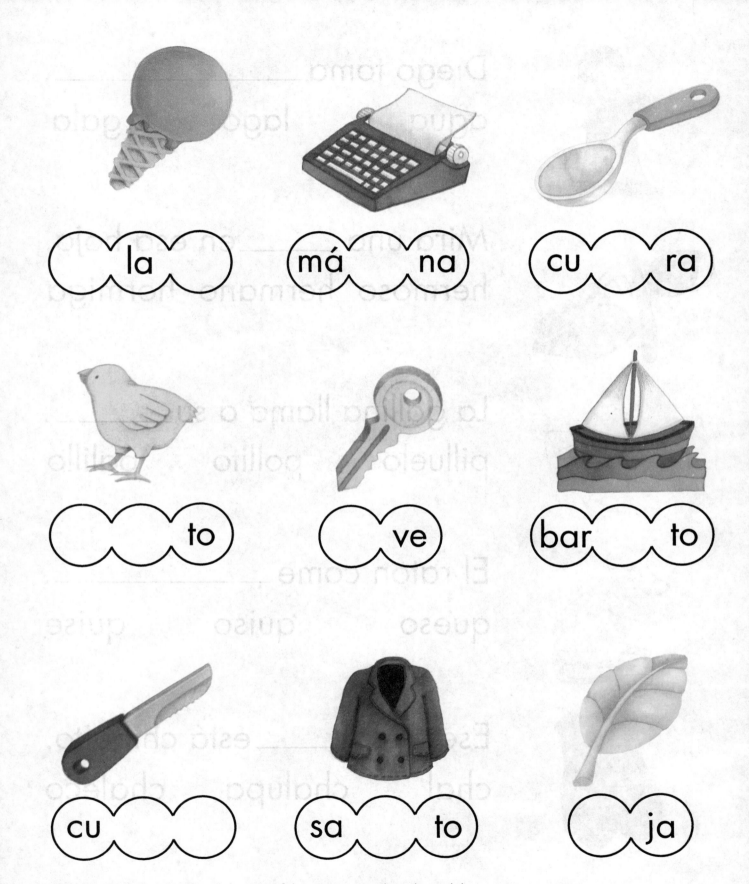

	la			má		na		cu		ra

		to			ve		bar		to

cu				sá		to			ja

Ejercicio 73. Escribe las sílabas que faltan para completar las palabras.

Diego toma _____.

agua   lago   gala

Mira una _____ en esa hoja.

hermoso   hermano   hormiga

La gallina llama a su _____.

pilluelo   pollito   palillo

El ratón come _____.

queso   quiso   quise

Ese _____ está chiquito.

chal   chalupa   chaleco

Ejercicio 74.   Escribe sobre la línea la palabra correcta para completar la oración.

Ese es un teléfono.

El gato está jugando.

La luna sale de noche.

Esa máquina está rota.

Ese perro es chiquito.

El reloj nos da las horas.

La vaca nos da leche.

La ardilla vive en el árbol.

El venado corre mucho.

El niño juega con un barquito.

Ejercicio 75. Une con una línea la oración que corresponda a cada dibujo.

ra	(ga)	li	le	chu	gu	go	se	na
(re)	go	(lo)	lu	cha	ga	ga	sa	no
ru	gu	le	la	chi	go	gu	si	nu

cu	chu	re	co	mi	lla	ha	be	lle
ca	chi	ra	ca	me	llo	ho	bo	lla
co	cha	ru	cu	ma	lle	he	bi	llu

gu	lle	te	or	quis	to	ha	lo	de
ga	lli	ti	ar	ques	te	he	li	do
go	lla	ta	er	quis	ta	hi	la	da

Ejercicio 76. Encierra en un círculo las sílabas que forman la palabra que representa cada dibujo.

Me gusta esa muñeca.

Mi hermano juega con la pelota.

El buque tiene marineros.

Ese árbol tiene hojas.

La lluvia riega los campos.

Ejercicio 77. Encierra en un círculo el dibujo que indica la oración.

93

1

Veo muchos pollitos.
Veo pollitos con su mamá.
Veo nada más un pollito.

2

Este niño tiene un cheque.
Ahí está un cheque.
El cheque está roto.

3

El gato está durmiendo.
El gato esta jugando.
El gato toma leche.

4

Ese árbol está seco.
Ese árbol tiene hojas.
Ese árbol tiene naranjas.

5

El pato nada en el lago.
El pato está en el jardín.
El pato está volando.

Ejercicio 78. Subraya la oración que corresponde a cada uno de los dibujos.

Sección F

Y   y   𝒴   𝓎

K   k   𝒦   𝓀

Z   z   𝒵   𝓏

X   x   𝒳   𝓍

W   w   𝒲   𝓌

Véase **Guía de trabajo** (pág. 108 del libro de lectura).

1ª	2ª	3ª
yoyo	*sierra*	caballo
calle	*vuelo*	doy
fusil	*suyo*	ardilla
tuyo	*pelota*	puedo
llueve	*ganso*	soy
hoja	*mayo*	jardín
yegua	*cuento*	quiero
charco	*pájaro*	voy
argolla	*raya*	abuelo

Ejercicio 79. Encierra en un círculo del color que se indica las siguientes palabras.

1a. columna	2a. columna	3a. columna
azul: fusil, llueve, charco	azul: suyo, mayo, raya	azul: caballo, puedo, quiero
rojo: yoyo, yegua, argolla	rojo: sierra, ganso, pájaro	rojo: ardilla, soy, abuelo
verde: calle, tuyo, hoja	verde: vuelo, pelota, cuento	verde: doy, jardín, voy

Yo monto esa yegua.

Yo ya sé leer.

El soldado lleva la bandera.

Mi muñeca es muy bonita.

Juanito juega con un yoyo.

Ese payaso es muy chistoso.

Ejercicio 80. Une con una línea la oración con el dibujo que le corresponde.

merengue

yoyo

águila

hoja

guitarra

gallo

tortuguita

raqueta

manguera

Ejercicio 81. Une con una línea los dibujos con su nombre.

Mi amiga toca la _____.

guinda   guitarra   guerra

Las _____ saben nadar.

tortilla   tortuga   tortuguitas

Todos esos _____ son míos.

juguetes   juguete   paquete

Ese _____ sigue al niño.

gato   perro   conejo

Ésta es una _____.

tortuguita   manguera   hoguera

Ejercicio 82.   Escribe sobre las líneas la palabra correcta para completar la oración.

100

bo rre ( ) to man ( ) ra ( ) ta rra

á ( ) la ju ( ) tes a mi ( ) to

tor tu ( ) ta me ren ( ) ho ( ) ra

Ejercicio 83. Escribe la sílaba que falta en cada palabra.

101

pingüino

pirata

antes

ángel

yemita

yegüita

paragüitas

paracaídas

gigante

girasol

Ejercicio 84. Subraya el nombre correcto de cada dibujo.

Yo estoy viendo un
pingüino.

El girasol es amarillo.

Cuando llueve uso mi
paragüitas.

El águila vuela
muy alto.

La yegüita corre mucho.

Ejercicio 85.   Encierra en un círculo el dibujo que indica la oración.

án ◯ les   gan te   ta ◯ na

ne ral   ra sol   me los

pá ◯ na   la ti na   te

Ejercicio 86. Escribe la sílaba que falta en cada palabra.

cepillo cepillos cepillo cepillos	cinco cincos cinco cincos
ciruela ciruela ciruelas ciruelas	cinturón cinturones cinturones cinturón
kioscos kiosco kioscos kiosco	cisnes cisnes cisne cisne
cebollas cebolla cebollas cebolla	policía policías policías policía

Ejercicio 87. Subraya el nombre de cada uno de los dibujos.

105

La _____ hace llorar.

ciruela   cebolla   cebollas

En el lago hay _____.

cisnes   cisne   cerca

En el circo vimos un _____.

pájaro   pingüino   payaso

Yo estoy viendo un _____.

gigante   girasol   general

Me lavo los dientes con mi _____.

cepillo   centavo   ceniza

Ejercicio 88. Escribe sobre las líneas la palabra correcta para completar la oración.

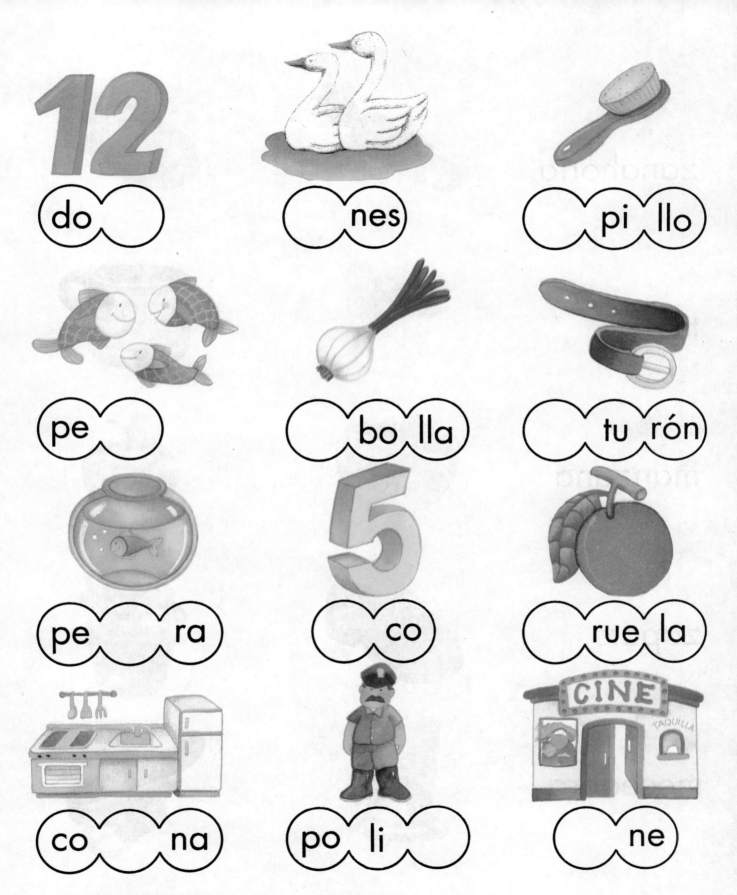

12

do ◯

◯ nes

◯ pi ◯ llo

pe ◯

◯ bo ◯ lla

◯ tu ◯ rón

pe ◯ ra

◯ co

rue ◯ la

co ◯ na

po ◯ li ◯

◯ ne

Ejercicio 89. Escribe la sílaba que falta en cada palabra.

zanahoria

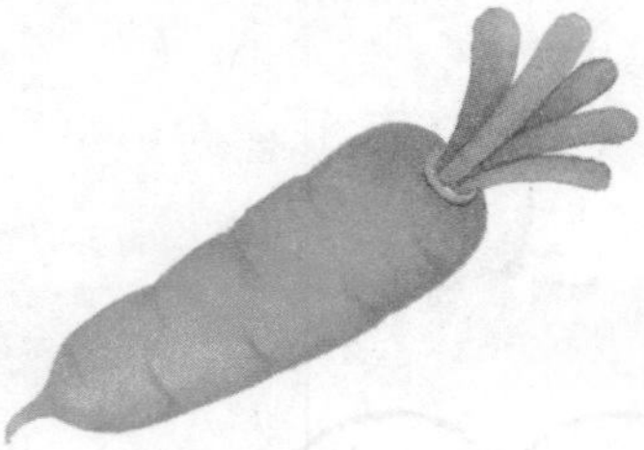

taza

manzana

zapato

mecedora

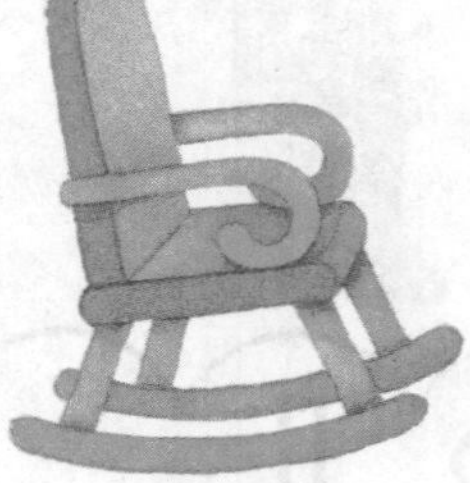

Ejercicio 90.   Marca con una cruz cada uno de los dibujos que te indique la palabra de la columna izquierda.

108

Mira un kiosco.

Las manzanas son
rojas.

Yo peso veinte kilos.

Miguel tiene zapatos
nuevos.

Los conejos comen
zanahorias.

Ejercicio 91.   Encierra en un círculo el dibujo que indica la oración.

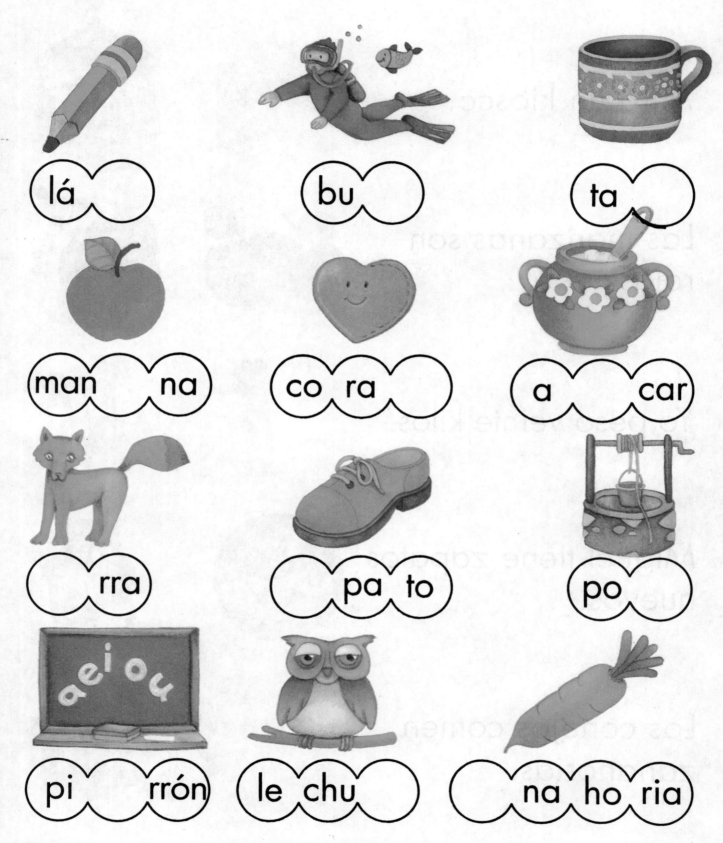

lá◯◯ bu◯◯ ta◯◯

man◯ ◯na co◯ ◯ra a◯ ◯car

◯◯rra ◯pa◯to ◯po◯

pi◯◯rrón le◯chu◯ na◯ho◯ria

Ejercicio 92. Escribe la sílaba que falta en cada palabra.

110

koala    kilo

cerezas 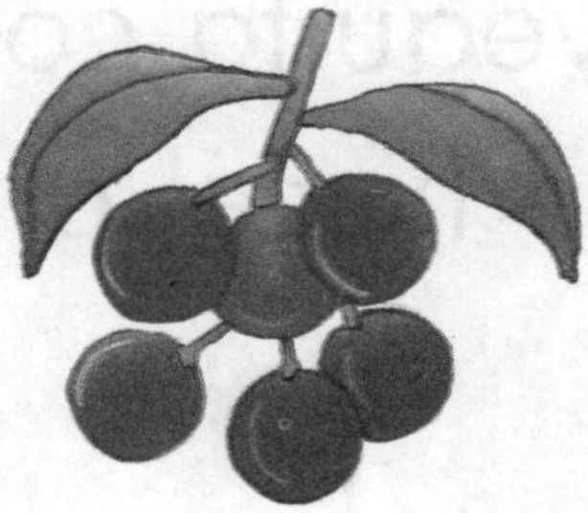   cenicero

waterpolo    Wendy

saxofón 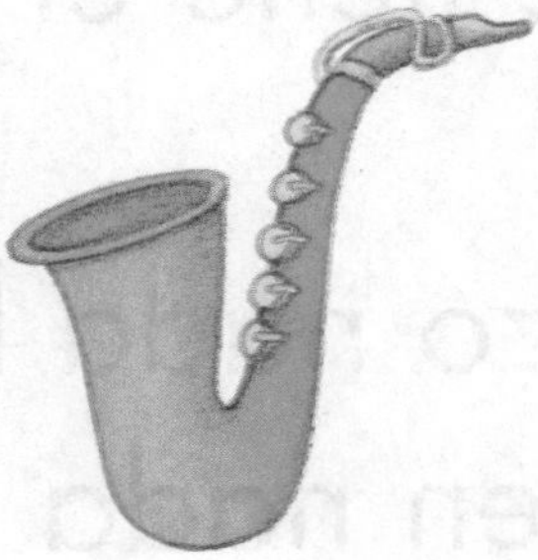   texto

ángel    gente

Ejercicio 93.   Subraya el nombre de cada uno de los dibujos.

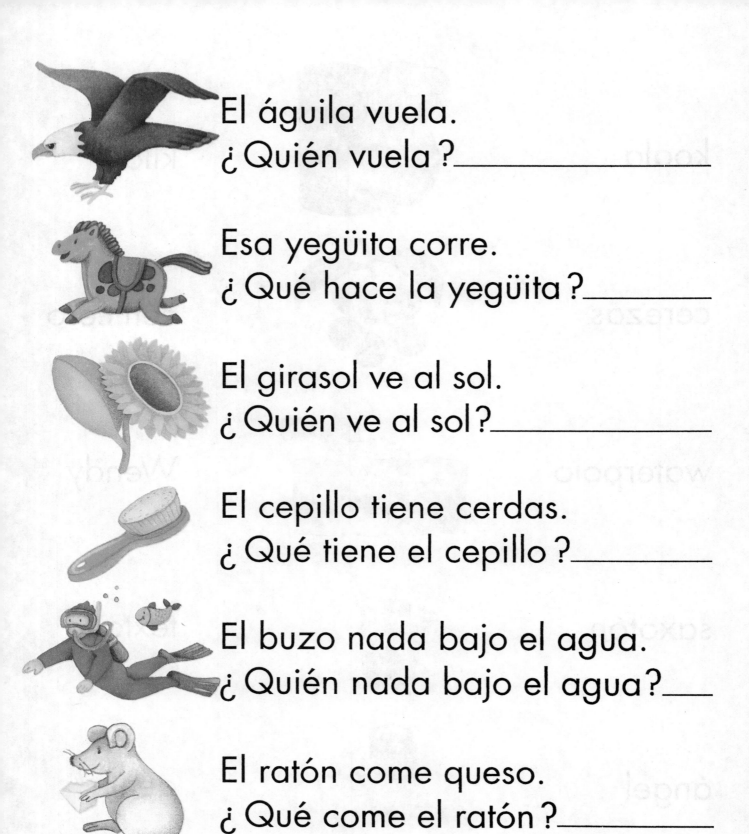

El águila vuela.
¿Quién vuela?_____

Esa yegüita corre.
¿Qué hace la yegüita?_____

El girasol ve al sol.
¿Quién ve al sol?_____

El cepillo tiene cerdas.
¿Qué tiene el cepillo?_____

El buzo nada bajo el agua.
¿Quién nada bajo el agua?____

El ratón come queso.
¿Qué come el ratón?_____

Ejercicio 94. Lee las oraciones y sobre las líneas escribe las respuestas.

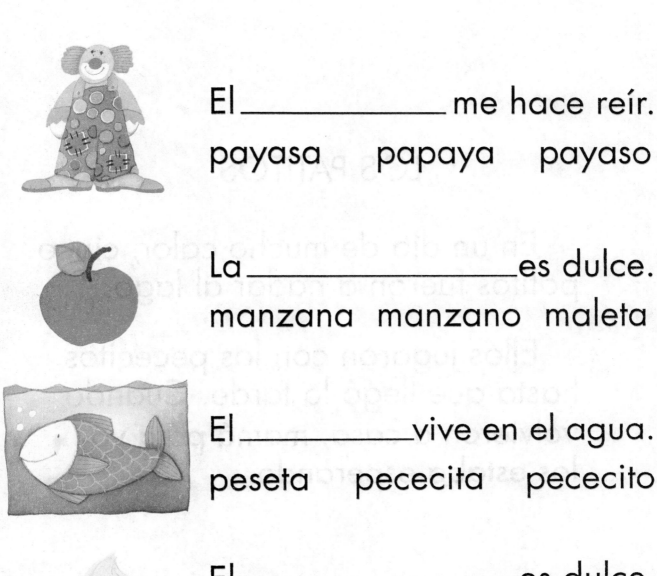

El _____ me hace reír.

payasa   papaya   payaso

La _____ es dulce.

manzana   manzano   maleta

El _____ vive en el agua.

peseta   pececita   pececito

El _____ es dulce.

manguera   merengue   guiso

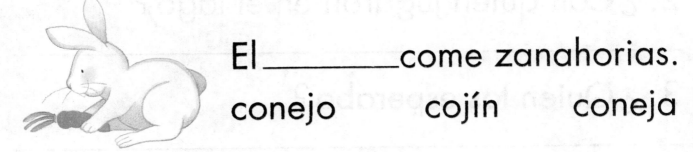

El _____ come zanahorias.

conejo   cojín   coneja

Ejercicio 95. Escribe sobre la línea la palabra correcta para completar la oración.

LOS PATITOS

En un día de mucho calor, cinco patitos fueron a nadar al lago.

Ellos jugaron con los pececitos hasta que llegó la tarde. Cuando volvieron a casa, mamá pata ya los estaba esperando.

1. ¿A dónde fueron los patitos?

_____

2. ¿Con quién jugaron en el lago?

_____

3. ¿Quién los esperaba?

_____

Ejercicio 96.   Lee las preguntas y sobre las líneas escribe las respuestas.

114

Sección G

tr	**cl**	*tr*	*cl*
bl	**fl**	*bl*	*fl*
gr	**gl**	*gr*	*gl*
pr	**pl**	*pr*	*pl*
dr	**br**	*dr*	*br*
fr	**cr**	*fr*	*cr*

Véase **Guía de trabajo** (pág. 109 del libro de lectura).

A Patricia le gusta mirar las estrellas.
¿Qué le gusta mirar a Patricia?

_____

Corté unos tréboles para mi maestra.
¿Qué corté para mi maestra?

_____

Trini tiene trenzas largas.
¿Qué tiene Trini?

_____

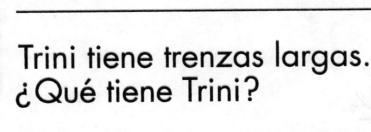

El letrero tiene letras atractivas.
¿Qué tiene el letrero?

_____

Aprendí a hacer trucos con mi trompo.
¿Qué aprendí a hacer con mi trompo?

_____

Ejercicio 97. Lee las oraciones y escribe las respuestas sobre las líneas.

blusa
blusa

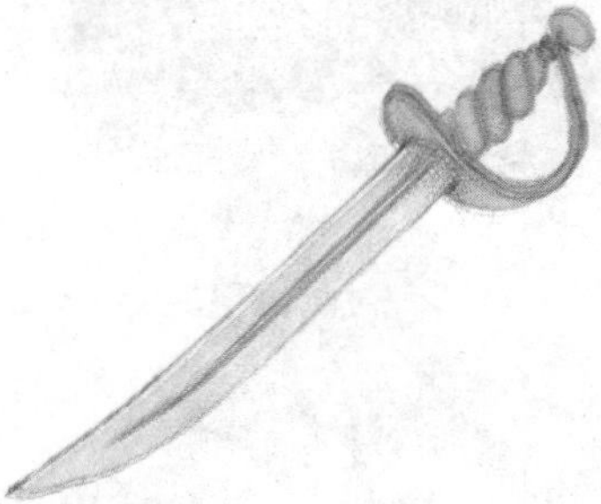

sable
sable

pueblo
pueblo

tabla
tabla

mueble
mueble

Ejercicio 98. Escribe el nombre de cada dibujo usando las palabras que están en la columna izquierda.

118

En los cuentos hay ogros grandes.

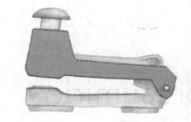

Ese letrero dice: "peligro".

El grillo y el cangrejo son animales pequeños.

Graciela es graciosa.

La engrapadora ya no tiene grapas.

En la granja hay graneros.

Ejercicio 99.   Une con una línea la oración que corresponde al dibujo.

príncipe
princesa

presumido
práctico

presidente
prisionero

profesor
primo

aprendo
aprieto

Ejercicio 100.   Busca la palabra que corresponde a cada dibujo y únelos con una línea.

120

piedras

cocodrilo

vidrio

ladrillo

cuadro

golondrina

padre

hidroavión

dragón

Ejercicio 101. Con una línea une los dibujos con su nombre.

121

frutero

cofre

fresa

refresco

frasco

Ejercicio 102. Marca con una cruz el dibujo que te indica la palabra de la columna izquierda.

clavo

bicicleta

clavel

chicles

eclipse

Ejercicio 103. Une con una línea cada dibujo con su nombre. (La maestra explicará lo que es un eclipse si los niños no lo saben).

123

flama   flor

rifle   flaco

flauta   fleco

flecha   reflejo

inflar   florero

Ejercicio 104. Subraya el nombre que es correcto para cada dibujo.

124

globo

iglesia

regla

iglú

gladiola

Ejercicio 105. Une con una línea cada dibujo con su nombre.

Ejercicio 106.   Escribe el nombre de cada dibujo usando **"PI"**.

Gabriela coloca el libro en el librero.

Ese hombre es un obrero.

Braulio hace una broma a la cabra.

Este broche está muy brillante.

Le doy un abrazo a mi sobrino.

Ejercicio 107. Marca con una cruz el dibujo que corresponde a cada oración.

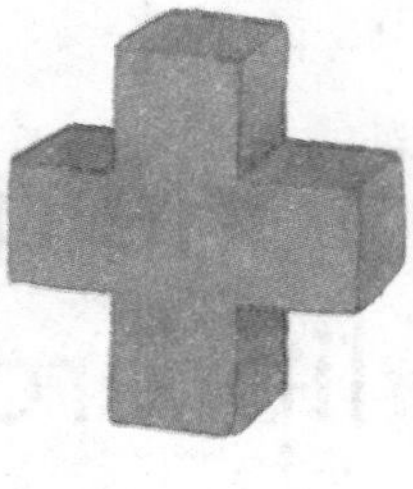

escritorio

cruz

alacrán

crema

escribir

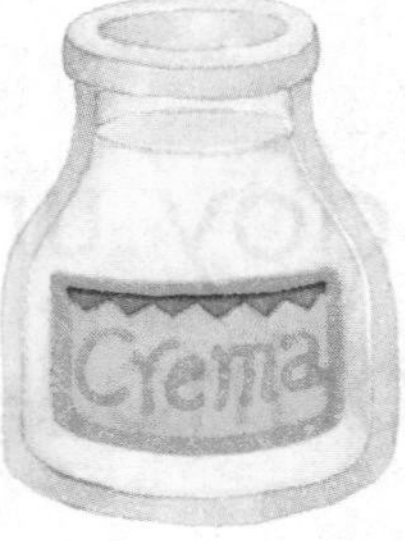

Ejercicio 108. Escribe el nombre de cada dibujo usando las palabras que están en la columna izquierda.

128

Hojas de evaluación

NOTA IMPORTANTE:

Para facilitar el manejo de estas HOJAS DE EVALUACIÓN, la primera prueba aparece al final del libro, y las siguientes yendo de atrás para adelante; de esta forma se localizan más fácilmente en orden sucesivo y se evita que el libro se desencuaderne al arrancarlas.

El esquimal va en kayac.

El policía lleva uniforme.

Escoge una gelatina para ti.

Aquí hay cinco peces.

El koala se sube al árbol.

Los buzos nadan
bajo el agua.

11 El esquimal va en kayac.

12 El policía lleva uniforme.

13 Escoge una gelatina para ti.

14 Aquí hay cinco peces.

15 El koala se sube al árbol.

16 Los buzos nadan bajo el agua.

Une con una línea la oración con el dibujo que le corresponde.

6 En esa pecera hay peces.

7 El kiosco es muy bonito.

8 Pon la carta en el buzón.

9 Esa niña hace gimnasia.

10 El doctor examina a mi gato.

Encierra en un círculo el dibujo que indica la oración.

Ese yoyo es tuyo.

No apagues la hoguera.

Me gusta ver pingüinos.

Ésa es una mecedora.

Saca agua de ese pozo.

Esos niños son gemelos.

Une con una línea la oración con el dibujo que le corresponde.

19 Sale humo de esa _____.

chimenea   charola   chismosa

20 Te regalo mi _____.

guante   aguja   paraguas

21 Me gusta el _____ de limón.

hielo   helado   helecho

22 La _____ vive en el mar.

botella   ballena   galleta

23 Quiero ese _____.

parque   queso   quiso

Escribe sobre las líneas la palabra correcta para completar la oración.

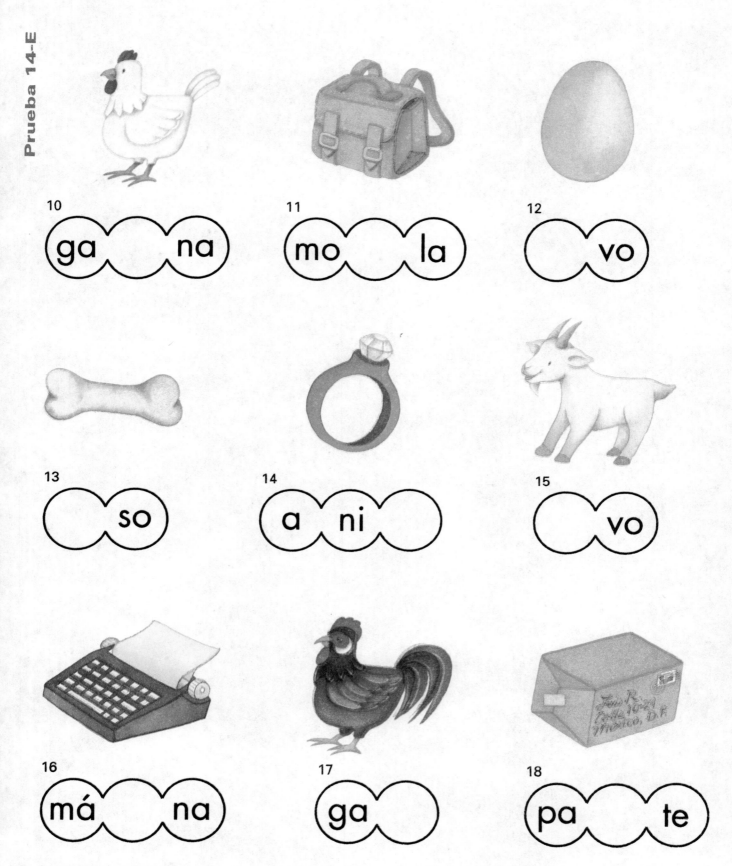

10
ga ◯ na

11
mo ◯ la

12
◯ vo

13
◯ so

14
a ni ◯

15
◯ vo

16
má ◯ na

17
ga ◯

18
pa ◯ te

Escribe la sílaba que falta para completar las palabras.

1 **raqueta**

2 **gusano**

3 **hacha**

4 **botella**

5 **queso**

6 **regalo**

7 **hongo**

8 **cuchara**

9 **buque**

Con una línea une los dibujos con sus nombres.

36

El _____ va en su barco.

pájaro   caracol   pirata

37

Las _____ nos dan miel.

abejas   navaja   jabón

38

Ese _____ es de la abuela.

sábado   abanico   banca

39

Mira un _____.

famoso   familia   fantasma

40

El niño come _____.

paño   daño   piña

Escribe sobre la línea la palabra correcta para completar la oración.

28

familia

fantasma

famoso

29

abuelo

abanico

abuela

30

jamón

jarrón

jabón

31

montaña

cabaña

mañana

32

jirafa

jarabe

joroba

33

careta

cartero

caracol

34

abuelo

abanico

abuela

35

fuente

fuerte

fiesta

Subraya el nombre de cada uno de los dibujos.

1ª	2ª	3ª
1 burro	10 *pájaro*	19 jardín
2 joven	*mañana*	20 bastón
3 uña	*abeja*	21 fuente
4 fiesta	*barco*	22 pestaña
5 arete	*café*	23 caracol
6 conejo	*araña*	24 paja
7 tambor	*rojo*	25 salero
8 jirafa	*barba*	26 reja
9 moño	*caja*	27 fila

Encierra en un círculo del color que se indica las siguientes palabras.

1a. columna
azul: joven, arete, moño
rojo: fiesta, conejo, jirafa
verde: burro, uña, tambor

2a. columna
azul: pájaro, abeja, araña
rojo: barco, rojo, caja
verde: mañana, café, barba

3a. columna
azul: fuente, paja, fila
rojo: jardín, caracol, reja
verde: bastón, pestaña, salero

Las palomas van al palomar.

El panal tiene miel.

Tú remas en la canoa.

Mi candado es redondo.

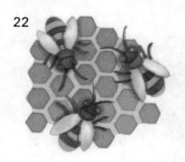

Ven a ver un venado.

Ésa es una campana.

Une con una línea la oración con el dibujo que le corresponde.

10

pe   to

pa   ti

11

da   do

de   di

12

co   pi

ca   pa

13

re   ne

ra   na

14

va   so

va   sa

15

ti   na

to   no

16

ca   me

co   ma

17

de   du

da   do

18

pe   lo

pa   la

Une con una línea las sílabas que forman la palabra que representa cada dibujo.

1 dedo

2 vestido

3 avión

4 paloma

5 radio

6 saco

7 carta

8 carreta

9 peine

Con una línea une los dibujos con su nombre.

18
remo

19
moto

20
isla

21
rata

22
lata

23
sol

24
seis

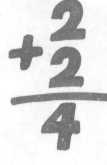

25
rosa

26
suma

Con una línea une los dibujos con su nombre.

13
ti

14
mu

15
ra

16
le

17
se

Marca con una cruz el dibujo que su nombre empiece con la sílaba de la izquierda.

158

1	alto	*liso*
2	malo	*loma*
3	lima	*alto*
4	liso	*lata*
5	lata	*lima*
6	loma	*malo*

7	suelo	*listo*
8	lote	*Lalo*
9	listo	*maleta*
10	maleta	*suelo*
11	Lalo	*sala*
12	sala	*lote*

Une con una línea las palabras de la columna izquierda, que sean iguales a las de la columna derecha.

20
_____

_____

21
_____

_____

22
_____

_____

23
_____

_____

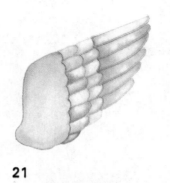

24
_____

_____

25
_____

_____

26
_____

_____

27
_____

_____

28
_____

_____

Escribe la letra con que empieza el nombre del dibujo.

11 a e i o

12 o a i u

13 o a e i

14 i a o e

15 e i o a

16 i e o a

17 e i a o

18 e a o i

19 i e u a

Encierra en un círculo la letra con que empieza el nombre de cada dibujo.